FECHAS PAF

10 de noviembre de 1989
La caída del
muro
de Berlín

FECHAS PARA LA HISTORIA

10 de noviembre de 1989
La caída del muro de Berlín

Brian Williams

EVEREST

Título original: *10 November 1989*
The fall of the Berlin Wall
Traducción: Liwayway Alonso Mendoza

No está permitida la reproducción total o parcial de este libro, ni su tratamiento informático, ni la transmisión de ninguna forma o por cualquier medio, ya sea electrónico, mecánico, por fotocopia, por registro u otros métodos, sin el permiso previo y por escrito de los titulares del Copyright. Reservados todos los derechos, incluido el derecho de venta, alquiler, préstamo o cualquier otra forma de cesión del uso del ejemplar.

First published by Cherrytree Book (a member of the Evans Publishing Group), 2A Portman Mansions, Chiltern Street, London W1U 6NR, United Kingdom

© Evans Brothers Limited 2002
This edition published under license from Evans Brothers Limited. All rights reserved.
© EDITORIAL EVEREST, S. A.
Carretera León-La Coruña, km 5 - LEÓN
ISBN: 84-241-1607-0
Depósito legal: LE. 998-2004
Printed in Spain - Impreso en España
EDITORIAL EVERGRÁFICAS, S. L.
Carretera León-La Coruña, km 5
LEÓN (España)
Atención al cliente: 902 123 400
www.everest.es

Picture credits:
Rex Features Limited: front cover, 7, 8, 10, 11, 13, 14, 15, 21, 22, 23, 26, 27, 30, 31, 32, 35, 34, 35
Topham Picturepoint: 16, 17, 18, 17, 20, 24,2 5, 28, 29

Sumario

Cae el muro	7
Un símbolo de división	8
Alegría después de 28 años	10
Alemania dividida	12
Se levanta el muro	14
Cómo era el muro	16
Recuerdos del pasado	18
Alemania Oriental en 1989	20
Acontecimientos en Moscú	22
Votar con los pies	24
Cambia la marea	26
Los movimientos de protesta	28
La gente se moviliza	30
Fiesta en Berlín	32
La reunificación de Alemania	34
Cronología	37
Glosario	41
Índice analítico	45

Cae el muro

En 1989, una multitud de gente abarrotó las calles de Alemania para celebrar con vítores y canciones el derribo un delgado y gastado muro de cemento. Al cabo de dos años, lo único que quedaba de aquel muro eran unos cuantos fragmentos pequeños, conservados como monumento. ¿Cómo podía la caída de un muro ser motivo de tanta celebración?

La gente que se reunió junto al muro celebraba el final de un largo período de sufrimiento para una de las ciudades más maravillosas del mundo. Sin el muro que la dividía en dos, Berlín se convertía de nuevo en una sola ciudad. La caída del muro de Berlín también marcó un punto de inflexión en la historia del siglo XX: el final de la **Guerra Fría** en Europa. Pronto Alemania volvió a ser un único país, después de 45 años de división.

La gente celebra en Berlín la caída del odiado muro, en 1989.

Un símbolo de división

Para muchas personas, Berlín es el símbolo de Alemania en general. Es la mayor ciudad alemana y en 1996 tenía unos 3.5 millones de habitantes. La ciudad ha sido un importante centro del arte, la educación y el entretenimiento alemanes desde el siglo XVIII. En el año 1871 Berlín fue nombrada capital del nuevo imperio alemán.

A lo largo del siglo XX, Berlín fue víctima del odio y la violencia. Gran parte de la ciudad quedó destruida durante la **Segunda Guerra Mundial** (1939-1945). Cuando llegó la

Potsdamer Platz, una ajeteadra plaza en el corazón de Berlín, fotografiada en el año 1913.

Este mapa muestra cómo se dividió Alemania en oriente y occidente tras la Segunda Guerra Mundial. La línea roja marca el Telón de Acero.

paz, la ciudad fue dividida entre los países que ganaron la guerra. La Unión Soviética estableció un gobierno comunista en la Alemania Oriental, que dirigía también el Berlín oriental. El Berlín occidental fue dividido en tres sectores, dirigidos por los británicos, los franceses y los americanos.

Berlín oriental era más pobre que Berlín occidental, y a lo largo de los años muchos berlineses orientales decidieron trasladarse a occidente. Para evitar que la gente se marchara, los alemanes orientales levantaron un muro de hierro y cemento por toda la ciudad en 1961. Cuando se derribó aquel muro, el 10 de noviembre de 1989, su caída marcó una nueva era en la historia de Alemania y, desde luego, en la del mundo.

Alegría después de 28 años

Muchas de las personas que se congregaron en torno al muro en el año 1989 eran demasiado jóvenes para recordar el Berlín anterior a la construcción del muro, en el año 1961. Durante 28 años, el siniestro muro había hecho que fuera casi imposible viajar de un lado a otro de la ciudad. La gente podía asomarse por encima del muro, pero no visitar a sus amigos o parientes del otro lado.

En noviembre de 1989, toda esta situación cambió a una velocidad asombrosa. Comenzaron a aparecer agujeros en el muro. Los guardias bajaron sus armas.
Por primera vez, la gente era libre de cruzar de oriente a occidente. Cientos de miles de personas cruzaron una franja

La gente celebra la caída del muro en la puerta de Brandemburgo, un famoso monumento construido en 1791, que formaba parte de la frontera.

de tierra que antes los había mantenido separados. Había fiestas en las calles. Amigos y parientes que no se habían podido abrazar o dar la mano en 28 años ahora se reían juntos.

En aquellos días tan emocionantes de 1989, muchas de las personas más mayores de Berlín tenían recuerdos muy antiguos. Recordaban el sufrimiento de muchos berlineses desde 1961, cuando se construyó el muro. Algunas personas recordaban la guerra de 1939-45, que había finalizado dejando destruida una gran parte de la ciudad.

Durante los años treinta los **nazis** organizaron muchas celebraciones de **propaganda** en Berlín. Incluso trataron de convertir los Juegos Olímpicos de 1936 en una exaltación de las ideas nazis. Su líder, Adolf Hitler, llevó a Alemania a la Segunda Guerra Mundial, que comenzó en septiembre de 1939.

La Segunda Guerra Mundial dejó Berlín en ruinas. Casi todo lo que no habían destruido las bombas británicas y americanas fue derribado por los tanques y armas soviéticos en 1945.

Con la guerra llegó el desastre a Berlín. Ahora, sesenta años después del comienzo de aquella guerra, Berlín podía mirar hacia el futuro. ¿Cómo se había producido aquella revolución?

Alemania dividida

Durante la Segunda Guerra Mundial, Berlín fue bombardeada muchas veces por los **aliados.** Unas 52.000 personas murieron durante los ataques aéreos. En abril de 1945 las tropas **soviéticas** tomaron la ciudad. Durante la batalla por el control de Berlín, murieron 100.000 personas y muchos edificios fueron reducidos a escombros. El 10 de abril Hitler se suicidó en su cuartel general de Berlín. Alemania por fin se rindió, el 8 de mayo, y la guerra terminó.

Alemania, derrotada, fue dividida por los aliados victoriosos entre la Alemania Oriental y la Alemania Occidental. La ciudad de Berlín estaba en la parte oriental de Alemania, que

Este mapa muestra cómo estaba dividido Berlín en 1945. En 1961, el muro fue construido a lo largo de la línea que separaba el este (sector soviético), del oeste (sector internacional).

estaba bajo control soviético. Los aliados acordaron dividir la ciudad en cuatro zonas, o sectores, y cada uno tomó el control de una zona. Los soviéticos establecieron un gobierno comunista en su parte de Alemania y permitieron a los comunistas de Alemania Oriental que dirigieran Berlín oriental. Ahora Europa estaba separada por lo que el líder británico en tiempos de guerra, Winston Churchill, llamaba el **Telón de Acero.** En el este estaban los países comunistas, bajo el estricto control soviético, mientras que en el oeste estaban las **democracias** libres.

Pronto los soviéticos entraron en conflicto con los demás aliados. En el año 1948, los soviéticos trataron de aislar Berlín Occidental del mundo exterior bloqueando las conexiones con la ciudad por carretera y por tren. Los aliados enviaron aviones que llevaban dos millones de toneladas de comida y combustible a Berlín Occidental, hasta que finalizó el **bloqueo** en mayo de 1949.

Durante el invierno de 1948-49, los aviones de carga mantuvieron a los habitantes de Berlín occidental alimentados y calientes. El puente aéreo de Berlín les llevó comida, medicinas y carbón.

En 1989, los berlineses más mayores aún recordaban aquel duro invierno que habían sufrido 40 años atrás, y otros momentos duros desde el año 1949. Cada día, el muro gris de cemento les recordaba que eran prisioneros en su propio país.

Se levanta el muro

El hecho de que diferentes sectores de Berlín estuvieran dirigidos por los soviéticos y los americanos hacía de Berlín un lugar proclive a las discrepancias durante la Guerra Fría. Así se llamaba a esta época de suspicacia y enemistad entre los Estados Unidos y la Unión Soviética, entre los años cuarenta y los ochenta. Los dos países eran los más poderosos del mundo.

No llegaron a enfrentarse en una guerra, pero varias veces estuvieron muy cerca.

Cada lado tenía a otros países como aliados. Cada uno tenía cientos de **misiles** apuntando al otro. Los espías intentaban robar secretos.

Mucha gente de todo el mundo temía que pudiera estallar una **guerra nuclear.**

John F. Kennedy (a la derecha) habla con Nikita Khrushchev en junio de 1961.

En 1961, los Estados Unidos eligieron a un nuevo presidente, John F. Kennedy. Uno de sus primeros viajes al extranjero fue para reunirse con el líder soviético Nikita Khrushchev, pero aquella **cumbre** no resultó ser ningún éxito. El motivo era que los soviéticos estaban preocupados por lo que sucedía en Berlín. Sesenta mil berlineses orientales iban a trabajar a Berlín occidental cada día. Muchos se quedaban allí, cansados de la escasez y la falta de libertad que vivían bajo el dominio comunista. El 8 de agosto más de 1.700 alemanes orientales cruzaron a Berlín occidental, y jamás regresaron. El gobierno soviético ordenó al gobierno de Alemania oriental que detuviera la afluencia de gente que se marchaba a occidente.

Se enviaron órdenes del líder comunista de Alemania Oriental, Walter Ulbricht. El 13 de agosto, los guardias de Alemania Oriental cerraron la **frontera** con alambre de espino. Los gobiernos británico y americano protestaron en vano. El 20 de agosto, los alemanes orientales levantaron las calles y sustituyeron el alambre de espino por un muro de bloques de cemento. Berlín Oriental quedó aislado.

Camiones y grúas desplazados para levantar el muro. Los alemanes orientales utilizaban bloques de cemento prefabricados, para construirlo a mayor velocidad.

Cómo era el muro

El muro estuvo levantado tanto tiempo que tuvo que ser reparado y reconstruido tres veces. Cada vez que se reparaba se hacía más alto y más fuerte. Los toques finales se dieron en 1975, cuando los alemanes orientales sustituyeron las bloques de cemento de la parte exterior por nuevos fragmentos, coronados por un tubo. Este muro fue denominado por los alemanes el muro de la "cuarta generación".

El muro exterior, que daba a Berlín Occidental, tenía 3.60 metros de altura. Cada sección de cemento tenía 120 cms de grosor y pesaba 2.750 kilos. Aquella era sólo la barrera final de un sistema parecido al de una fortaleza. Tras él se encontraban unas trincheras de paredes inclinadas para evitar que los vehículos se acercaran al muro.

El muro tenía el doble de altura que un hombre alto y tenía 155 kilómetros de largo.

Los alemanes orientales temían que la gente que trataba de escapar a Berlín occidental pudiera saltar desde lo alto de un camión o incluso intentar estrellar un camión contra el muro. Más allá de la línea de la trinchera había caminos, patrullados por guardias armados que llevaban perros. La parte de detrás del muro estaba iluminada para asegurarse de que nadie pudiera esconderse... aunque tampoco había huecos para hacerlo.

Frau Frieda Schulze escapa a Berlín Occidental desde la ventana de su apartamento, que estaba justo al borde de la frontera con Alemania Oriental.

Desde altas torres de vigilancia, los guardias podían divisar largos trechos de muro. Tras la línea de las torres había más obstáculos: **trampas para tanques,** hechas de metal, y también alambradas. Los alemanes le habían dado un nombre macabro a la franja de tierra que se encontraba detrás del muro en sí. Lo llamaban "La franja de la muerte": 171 personas se mataron intentando cruzar el muro entre 1961 y 1989.

Recuerdos del pasado

A lo largo de los 25 años siguientes, muchos más alemanes orientales trataron de escapar a occidente saltando el muro. Algunos se colaban en las casas vacías cercanas al muro, y se escabullían por los patios traseros para alcanzarlo. Otros cruzaban a nado los canales de la ciudad. Los guardias del muro disparaban contra quienquiera que vieran corriendo hacia la libertad.

Muchas personas jamás pudieron olvidar un suceso conmovedor. El 17 de agosto de 1962, Peter Fechter, un chico de 18 años, intentó escalar el muro. Los guardias dispararon contra él con una metralleta y cayó al suelo. Peter Fechter quedó allí tendido, agonizando, mientras los guardias de Alemania Oriental lo contemplaban.

Un guardia de Alemania Oriental se lleva el cuerpo de Peter Fechter.

Desde el lado de Alemania Occidental, la policía lanzó unas vendas, pero no llegaban al hombre moribundo. Más tarde, la policía de Alemania Oriental se llevó el cuerpo de Peter Fechter. La gente colocó una cruz de madera cerca de aquel lugar y le llevaba flores. A lo largo de los años, se levantaron muchos más monumentos conmemorativos dedicados a las víctimas del muro. Casi todos los habitantes de Berlín, a ambos lados, odiaban verlo.

En 1963 el presidente Kennedy visitó Berlín occidental. "Yo soy berlinés", declaró ante una enorme multitud, que aplaudió entusiasmada. Desafortunadamente, lo que en realidad dijo el presidente fue "Ich bin ein Berliner", que en alemán significa "Yo soy una rosquilla." Debería haber dicho "Ich komme aus Berlin." Sin embargo, todo el mundo comprendió lo que quería decir, y le aplaudieron de todas formas.

En 1963, el presidente Kennedy visitó el muro. Kennedy le dijo a su auditorio: "Todos los hombres libres, vivan donde vivan, son ciudadanos de Berlín".

Alemania Oriental en 1989

En el año 1989, los habitantes de Berlín ya se habían acostumbrado al muro. Los presidentes y primeros ministros iban a visitarlo. Los turistas le sacaban fotos, pero la mayoría de los berlineses apenas le prestaban atención. El muro recordaba a todo el mundo que Alemania estaba dividida. Se había convertido en el símbolo de la Guerra Fría.

Berlín oriental era la capital de Alemania Oriental. Pero en el año 1989 ofrecía un aspecto desaliñado comparada con Berlín occidental, con sus calles bien iluminadas y elegantes tiendas llenas de compradores. En Berlín oriental, la gente seguía caminando entre desoladas **zonas bombardeadas** y en ruinas cuarenta años después de la Segunda Guerra Mundial. Casi todos los berlineses orientales vivían en monótonos bloques de apartamentos. Pagaban alquileres muy bajos y tenían trabajos pagados por el Estado, pero había pocas cosas en las tiendas de Berlín oriental en las que los trabajadores pudieran gastarse el dinero.

Karl-Marx Allee en Berlín occidental, en los años ochenta.

Alemania Oriental se llamaba la República Democrática Alemana (RDA). Pero no era una democracia ni mucho menos. La gente sólo podía votar a un partido político, el Partido Comunista. No había libertad.

Berlín oriental era uno de los escenarios favoritos de las historias de espías de los escritores occidentales. Parecía un lugar lleno de misterio. El paso fronterizo de Friedrichstrasse, conocido como Checkpoint Charlie, aparecía en numerosas historias y películas de espías y de gente que huía, embarcándose en peligrosos viajes entre oriente y occidente.

Checkpoint Charlie estaba vigilado desde ambos lados. Hoy en día, las casetas de guardia utilizadas por los soldados aliados se exhiben en un museo.

Acontecimientos en Moscú

En el año 1971, Erich Honecker sucedió a Walter Ulbricht como líder de Alemania Oriental. Honecker era un comunista veterano y un fiel servidor de la Unión Soviética, que obedecía órdenes de Moscú.

En 1989, sin embargo, las noticias llegadas de Moscú eran preocupantes. Desde 1985, la Unión Soviética había tenido un nuevo líder, Mikhail Gorbachev. El nuevo jefe del Kremlin había comenzado su propia revolución.

Mikhail Gorbachev había sido comunista durante toda su vida adulta, pero ahora veía que había llegado el momento de cambiar porque los países comunistas de Europa se estaban quedando atrás con respecto a los occidentales.

El líder de Alemania Oriental, Erich Honecker, contempla el desfile de las tropas de Alemania Oriental. Su ejército era muy grande.

Las fábricas de los países comunistas se habían quedado anticuadas. Los gobiernos gastaban demasiado en armas, intentando igualarse con los Estados Unidos y Europa.

Mikhail Gorbachev (a la derecha) y Ronald Reagan entablaron una serie de conversaciones para acabar con la Guerra Fría. Aquello alarmó a los alemanes del este, que se preguntaban qué podría suceder después.

Gorbachev comenzó a mostrarse amistoso con occidente. Se reunió con el presidente de los EE.UU., Ronald Reagan, y se llevaba bien con la primera ministra de Gran Bretaña, Margaret Thatcher. Daba la sensación de que la Guerra Fría comenzaba a "descongelarse". Gorbachev quería resolver los problemas internos de la Unión Soviética. Los países más pequeños del mundo comunista tendrían que buscar soluciones a sus propios problemas.

Aquello eran malas noticias para los líderes comunistas de Alemania Oriental. Contemplaron con inquietud los cambios en Polonia, Hungría y Checoslovaquia. Todos se apartaban del comunismo e iban hacia la democracia. El Telón de Acero, que tenía más de 40 años, parecía empezar a oxidarse.

Votar con los pies

Casi toda la gente que vivía en el lado oriental del muro no podía viajar al otro lado. Sólo los funcionarios y las estrellas del deporte podían visitar libremente el lado occidental. Aún así, los alemanes orientales podían ver lo que sucedía en occidente por televisión. A través de la televisión de Alemania Occidental, la gente de Alemania Oriental podía ver la "buena vida", y muchos sentían envidia. La gente joven quería comprar productos occidentales, como vaqueros, cintas de música y vídeos.

Una joven pareja de refugiados de Alemania oriental en Berlín occidental, en el año 1989. A finales de los años ochenta, cada vez más alemanes orientales le daban la espalda al comunismo.

Algunas personas comenzaron a "votar con los pies": demostraban su rechazo hacia el gobierno contra el que no podían votar abandonando el país. La gente joven se marchaba buscando una nueva vida en occidente, cruzando la frontera de Alemania Oriental hacia Austria o Checoslovaquia, y desde allí hasta Alemania Occidental. En 1988, 40.000 personas se marcharon de Alemania Oriental: más del triple que el año anterior.

¿Cuántos alemanes orientales se marcharían en 1989?

El gobierno de Alemania Oriental, preocupado, convocó unas elecciones en mayo de aquel año. Las elecciones no eran democráticas, puesto que cada candidato debía ser aprobado por los comunistas. Los resultados probaron que un 98,77 por ciento de los votantes respaldaban a los candidatos oficiales. En las elecciones previas había sido un 99 por ciento. Así que algunas personas habían expresado su disconformidad con el gobierno y ni siquiera habían acudido a las urnas. Las iglesias cristianas de Alemania Oriental, que habían colaborado en la organización de la oposición al gobierno, declararon que la votación había significado una derrota para el comunismo.

Muchos alemanes occidentales se reían de los coches de Alemania Oriental. Los veían lentos y viejos, en comparación con sus elegantes Volkswagen, BMW y Mercedes.

Cambia la marea

En Berlín, los guardias del muro seguían disparando contra cualquiera que intentara cruzar a occidente. El 6 de febrero de 1989, Chris Gueffroy murió intentando cruzar el muro. Pero aquella fue la última muerte del muro.

Ni siquiera la odiada policía secreta de Alemania Oriental, la Stasi, podía ya contener el movimiento de protesta. La gente de Alemania Oriental se había enterado de lo que sucedía en el mundo exterior. En Polonia, el nuevo Sindicato Independiente Solidaridad ganó las elecciones de junio, derrotando a los comunistas.

Lech Walesa (a la derecha), líder del Movimiento Solidario de Polonia, en una manifestación pidiendo el cambio.

En Checoslovaquia, el escritor Vaclav Havel, encarcelado por alzar la voz en contra del comunismo, fue liberado de la cárcel en mayo. Algunas personas incluso opinaban que la Unión Soviética estaba a punto de disolverse.

Los refugiados de Alemania Oriental comenzaron a abarrotar las embajadas alemanas, pidiendo ayuda. El 8 de agosto, la embajada de Berlín occidental ya estaba llena. También lo estaban las de Checoslovaquia y Hungría. Entonces, el 10 de septiembre de 1989, Hungría abrió sus pasos fronterizos para que los refugiados de Alemania Oriental pudieran viajar a Austria.

En octubre de 1989, Mikhail Gorbachev advirtió a Erich Honecker de que debía iniciar una reforma o dimitir. Honecker estaba enfermo, convaleciente de una operación. El 7 de octubre, los líderes del partido comunista mantuvieron una lúgubre reunión para "celebrar" el 40 aniversario de la fundación de Alemania Oriental. La gente se había lanzado las calles en Berlín oriental, y en las ciudades de Dresden y Leipzig. Se enfrentaban a la policía y cantaban canciones por la libertad y la democracia.

Una multitud de personas tomó las calles de Berlín oriental para demostrar que la gente ya no tenía miedo. Estaban hartos del comunismo, y el gobierno no podía oponerse a ellos.

Los movimientos de protesta

Los manifestantes se negaban a obedecer las órdenes de la policía, que les ordenaba que se marcharan a sus casas. El gobierno de Alemania Oriental no estaba acostumbrado a semejante desobediencia y no sabía qué hacer. En 1961 había entrado en Berlín oriental con unos tanques para vigilar a los obreros de la construcción que construían el muro. Ahora no se atrevía a enviar a sus soldados. No le quedaban amigos fuera de Alemania.

Los acontecimientos que se sucedían en Asia también afectaron a la gente. En junio de 1989, la gente de todo el mundo pudo contemplar en la televisión las imágenes de la capital de China, Beijing. Allí los líderes comunistas habían enviado a los soldados para disparar y arrestar a los defensores de la libertad de la plaza de Tiananmen. Mikhail Gorbachev estaba de visita en China cuando comenzaron las protestas estudiantiles. Aunque se marchó antes de la matanza que se produjo con la intervención de los

Los estudiantes chinos pedían la democracia en China manifestándose en la plaza de Tiananmen, en Beijing. Sus protestas fracasaron.

28

soldados chinos, comprendió el mensaje. El mundo culpaba al gobierno chino.

Gorbachev necesitaba amigos occidentales para llevar a cabo sus reformas. No quería que se produjera una matanza en Berlín. El líder soviético le habló a Erich Honecker sin rodeos: "No esperéis que os ayudemos, y no ordenes a tus soldados que disparen contra estudiantes que no van armados".

Honecker no podía manejar la nueva situación. Dimitió el 18 de octubre: el nuevo dirigente de Alemania Oriental fue Egon Krenz, pero sólo duró siete semanas en el cargo. El gobierno de Alemania Oriental

Erich Honecker renunció a su cargo como líder del gobierno de Alemania Oriental. Muy poca gente lo lamentó.

decidió aprobar una nueva ley de viaje, que ofrecía a los alemanes orientales la libertad de marcharse del país si lo deseaban. La frontera con Checoslovaquia se abrió de nuevo. Se pensaba que quizá aquello sirviera para calmar los ánimos.

La gente se moviliza

La noche del 9 de noviembre de 1989, los periodistas se reunieron en una rueda de prensa ofrecida por el mando de Alemania Oriental. El representante del partido comunista, Gunter Schabowski, declaró que la frontera entre oriente y occidente se volvía a abrir para "viajes privados al extranjero". ¿Cuándo entraría en vigor aquella nueva ley? "Por lo que yo sé... inmediatamente", respondió el señor Schabowski.

¿De verdad quiso decir inmediatamente? ¿O acaso había sido un desliz? Poco importaba, porque miles de personas de Berlín oriental tomaron sus palabras como una autorización

Una riada de gente salió por los huecos del muro cuando se abrió la frontera.

oficial para cruzar a Berlín occidental. En Bornholmer Strasse, una multitud de berlineses orientales comenzaron a moverse hacia Berlín occidental y a las 10:30 p.m. se abrió la frontera. La gente se agolpaba en la puerta de Brandemburgo y en Kurfürstendamm, la calle comercial más famosa de Berlín occidental.

Pronto miles de personas se desplazaban pacíficamente por una ciudad que durante 28 años había permanecido dividida por el muro. Nadie podía creerse del todo lo que estaba sucediendo. Masas de gente llegaban de toda Alemania, dirigiéndose hacia Berlín para contemplar aquel espectáculo con sus propios ojos.

También llegaban a Alemania turistas procedentes de países vecinos, como Dinamarca y Austria. La noticia se extendió rápidamente. Las carreteras estaban atascadas de coches que se dirigían hacia Berlin. Miles de personas sabían que se estaba haciendo historia. A lo largo del muro, se alzaban las torres de vigilancia vacías. Los guardias habían desaparecido.

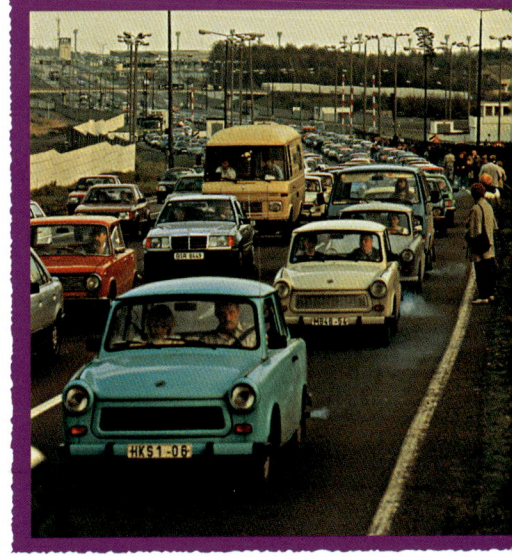

En cuanto se extendió la noticia, gente de toda Alemania y de los países vecinos se dirigió hacia Berlín en sus coches para ver lo que estaba sucediendo.

Fiesta en Berlín

Los guardias de la frontera ya no trataban de frenar a la gente, sino que dejaban pasar a los conductores. En los atascos, los conductores de Alemania Occidental apagaron los motores de sus coches cuidadosamente, mientras que los alemanes orientales dejaron sus coches Trabant en marcha, soltando humos contaminantes.

A las 3 a.m. del 10 de noviembre de 1989, las calles de Berlín seguían abarrotadas de gente, poniendo música en la radio, dándose la mano y compartiendo jarras de café. La Potsdamer Platz, que en tiempos había sido una plaza central de Berlín pero ya no era más que un campo vacío, había quedado cortada por el muro. A las 5 a.m., la gente del lado occidental escuchó el sonido de martillos y taladradoras. Comenzaron a

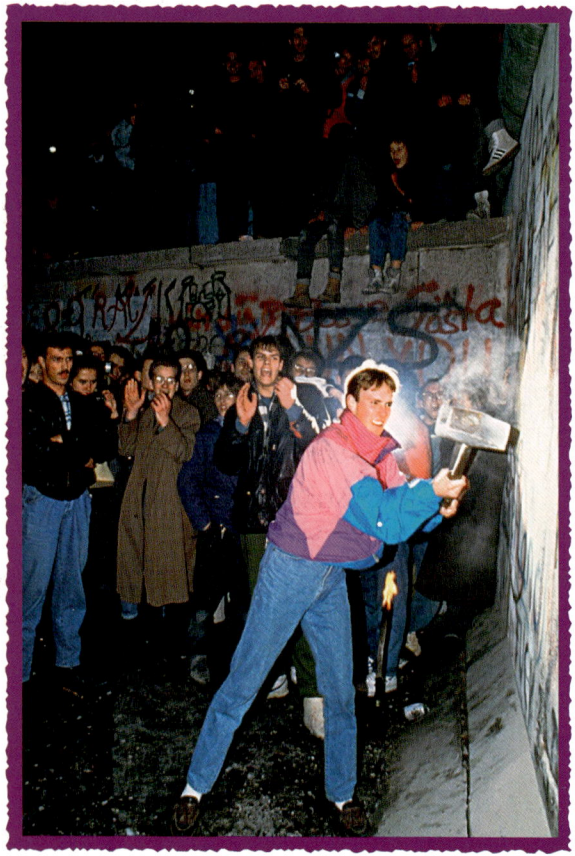

La gente que golpeaba el muro descubrió que se deshacía con sorprendente facilidad. Los albañiles habían mezclado demasiada tierra y agua con el cemento.

aparecer agujeros en el cemento. Brillaban fuegos artificiales en el cielo del amanecer. La gente tocaba silbatos, bocinas de los coches, atronadoras notas producidas por largos cuernos alpinos. El muro estaba cayendo.

Cientos de personas golpeaban la pared, y se abrieron nuevos pasos fronterizos como las grietas de una presa a punto de reventar. A lo largo del fin de semana, tres millones de personas cruzaron de oriente a occidente. El 22 de diciembre, la gente de nuevo pudo cruzar la puerta de Brandemburgo, que era el foco de las celebraciones. El muro desaparecía rápidamente, a medida que los "carpinteros del muro" arrancaban pedazos de cemento del muro con sus hachas, para llevarse un recuerdo.

Ya no había 197 calles berlinesas taponadas por el muro. La ciudad volvía a ser una sola. Los habitantes de Berlín comenzaron una gran fiesta para celebrar que mucha gente veía un árbol de Navidad por primera vez en mucho tiempo.

Los cazadores de recuerdos recogían trozos de muro para llevárselos a casa.

33

La reunificación de Alemania

Una vez que hubo caído el odiado muro de Berlín, el siguiente paso fue la reunificación de Alemania Oriental y Alemania Occidental. El 7 de enero de 1990, miles de personas formaron una cadena humana a lo largo de la vieja frontera para reclamar una Alemania unida de nuevo. El nuevo dirigente de Alemania Oriental, Hans Modrow, envió un mensaje a Mikhail Gorbachev, preguntándole qué debía hacer. "Haz lo que te pide la gente". Fue la respuesta. En abril de 1990 Modrow ya había perdido su trabajo.

La gente sujeta una pancarta a lo largo de la vieja frontera en enero de 1990. La pancarta dice "¡... el sol brilla en Alemania como jamás lo había hecho antes...!".

Durante las Navidades, Berlín occidental estuvo lleno de alemanes orientales. Los visitantes se sentaban en los cafés, compraban juguetes para sus hijos y comían plátanos (un lujo en la vieja Alemania Oriental). Tenían poco dinero, pero el gobierno de Alemania Occidental les dio pases gratis para los conciertos, museos y zoos. A medida que el invierno abría paso a la primavera, Alemania parecía seguir de vacaciones.

Los alemanes se dieron cuenta de que, casi por accidente, su país se estaba reunificando. Alemania Oriental, que durante 40 años había sido un baluarte del comunismo, se había derrumbado como el muro. Después de la votación de los alemanes en unas elecciones libres, Lothar de Maizière se convirtió en su primer (y último) jefe de gobierno electo. Él defendía la unidad con Alemania Occidental.

En julio de 1990, los alemanes orientales comenzaron a utilizar la moneda de Alemania Occidental, el marco alemán. Y el 3 de octubre de 1990, Alemania volvió a ser un solo país, con Helmut Kohl como líder. Hubo grandes celebraciones. Aunque aún debían resolverse problemas como la desigualdad entre las personas que vivían en la parte oriental y las que vivían en la parte occidental, el muro de Berlín había desaparecido. En Alemania, la Guerra Fría había terminado.

Aún se pueden ver en Berlín algunos trechos de muro.

35

ALLIED
CHECKPOINT

Cronología

1945	*8 de mayo:* Termina la Segunda Guerra Mundial y la ciudad de Berlín es dividida.
1948	*24 de junio:* Comienza el puente aéreo de Berlín.
1949	*24 de mayo:* Comienza a existir la República Federal de Alemania (Alemania Occidental).
1949	*7 de octubre:* Se funda la República Democrática Alemana (Alemania Oriental).
1952	Se cierra la frontera entre Alemania Oriental y Alemania Occidental. Sólo permanece abierta la frontera entre Berlín oriental y Berlín occidental.
1953	Los alemanes orientales necesitan pases especiales para visitar la parte occidental.
1961	*Agosto:* Se cierran todos los pasos entre Berlín oriental y Berlín occidental.
1961	*21 de agosto:* Gunter Litzwig recibe un disparo al intentar cruzar el muro; él es el primero de las 171 víctimas conocidas.
1963	*26 de junio:* el presidente John F. Kennedy visita Berlín.
1971	Los ciudadanos de Berlín occidental pueden visitar Berlín oriental con mayor libertad.
1985	La Unión Soviética elige a un nuevo líder, Mikhail Gorbachev, que comienza las reformas.
1987	Tras ver el muro de Berlín con sus propios ojos, el presidente de los EE.UU., Ronald Reagan, le comenta a Mikhail Gorbachev que debe derribarse.
1988	Cuarenta mil alemanes orientales abandonan el país.
1989	*6 de febrero:* la muerte número 171 en el muro, y también la última.

1989	*8 de agosto:* La embajada de Alemania Occidental en Berlín oriental se cierra porque está abarrotada de refugiados de Alemania Oriental.
1989	*7 de octubre:* La gente toma la calle en Berlín oriental y otras ciudades de Alemania Oriental, exigiendo reformas y libertad.
1989	*18 de octubre:* Dimite el líder comunista de Alemania Oriental.
1989	*9 de noviembre:* Se abre el muro de Berlín.
1989	*10 de noviembre:* La gente comienza a demoler el muro.
1989	*22 de diciembre.* Se abre la puerta de Brandemburgo para que los berlineses puedan volver a moverse con libertad por su ciudad.
1990	*7 de enero:* La gente forma una cadena humana a lo largo de la frontera oriente-occidente, pidiendo la unificación de Alemania.
1990	*Julio:* Los alemanes orientales comienzan a usar la misma moneda que los alemanes occidentales.
1990	*3 de octubre:* Se produce la reunificación alemana.
1990	*Diciembre:* El Bundestag, el parlamento Alemán, se traslada a Berlín.
1997	Egon Krenz es condenado a seis años y medio de prision tras ser declarado culpable de homicidio en 1989, cuando ordenó a las tropas que dispararan contra ciudadanos de Alemania Oriental.
2000	*9 de diciembre:* Se derriba la última torre de vigilancia del muro de Berlín.

ALLIED
CHECKPOINT

Glosario

aliados Los países que se unieron para luchar contra Alemania y Japón durante la Segunda Guerra Mundial.

ataques aéreos Ataques mediante aviones que arrojan bombas sobre las ciudades.

bloqueo Evitar que la gente o los vehículos entren o salgan de una zona.

candidato Alguien que pretende ser elegido para un puesto político.

comunista Alguien que defiende que el gobierno debe ser propietario de toda la tierra y dirigir todas las grandes compañías.

conferencia de prensa Una reunión en la que un portavoz del gobierno o de otra organización da información a periódicos, revistas y emisoras de televisión presentes allí.

cumbre Una reunión entre los representantes de las naciones más poderosas del mundo

democracia Un sistema de gobierno bajo el cual la gente es libre para votar a quien quiera, decir lo que quiera y profesar la religion que quiera.

embajadas Edificios oficiales utilizados por los embajadores. Los EE.UU., por ejemplo tienen embajadas en muchos países.

frontera La línea que separa un país de otro.

Guerra Fría Una época de hostilidad entre los EE.UU. y la Unión Soviética, que duró desde 1945 hasta los años ochenta.

guerra nuclear Una batalla librada mediante el empleo de bombas atómicas y de hidrógeno para atacar al enemigo.

Kremlin Un edificio que hay en Moscú, Rusia. Era la central del gobierno de la antigua Unión Soviética.

manifestantes Grupos de gente que protesta en público desfilando, agitando banderas o pancartas, cantando lemas o cortando las calles.

misiles Cohetes que se utilizaban como armas para llevar explosivos o bombas nucleares.

Nazis Miembros del Partido Nacional Socialista Alemán, que llegó al poder en Alemania en el año 1933 con Adolf Hitler.

policía secreta Un cuerpo de policía que está fuera de la ley, utilizado por un gobierno no democrático para espiar y arrestar a quien se le opone.

propaganda Información, no siempre verídica, difundida por el gobierno para convencer a la gente de que está actuando bien.

reforma Cambios para mejorar las cosas y librarse de la injusticia.

refugiados Gente que se marcha de su casa buscando refugio (seguridad) en otro país.

Segunda Guerra Mundial La guerra librada desde 1939 hasta 1945, principalmente en Europa y en el Pacífico, entre los aliados por un lado y Alemania, Italia y Japón por el otro.

sindicato Una organización formada por los trabajadores para proteger sus derechos y negociar incrementos de sueldo y la mejora de las condiciones de trabajo.

Soviético Soviet en ruso significa consejo o asamblea; la antigua Unión Soviética (o Unión de Repúblicas Socialistas Soviéticas) era un grupo de repúblicas comunistas.

Telón de Acero El nombre que Winston Churchill dio en 1946 a la división de Europa tras al Segunda Guerra Mundial, cuando la Unión Soviética aisló a los países de Europa occidental que estaban bajo su gobierno.

trampas para tanques Grandes bloques de cemento o zonas con obstáculos metálicos, colocados en las carreteras para evitar que los tanques pasen por allí.

zonas bombardeadas Edificios o espacios en los que hubo edificios, tras los bombardeos en tiempos de guerra.

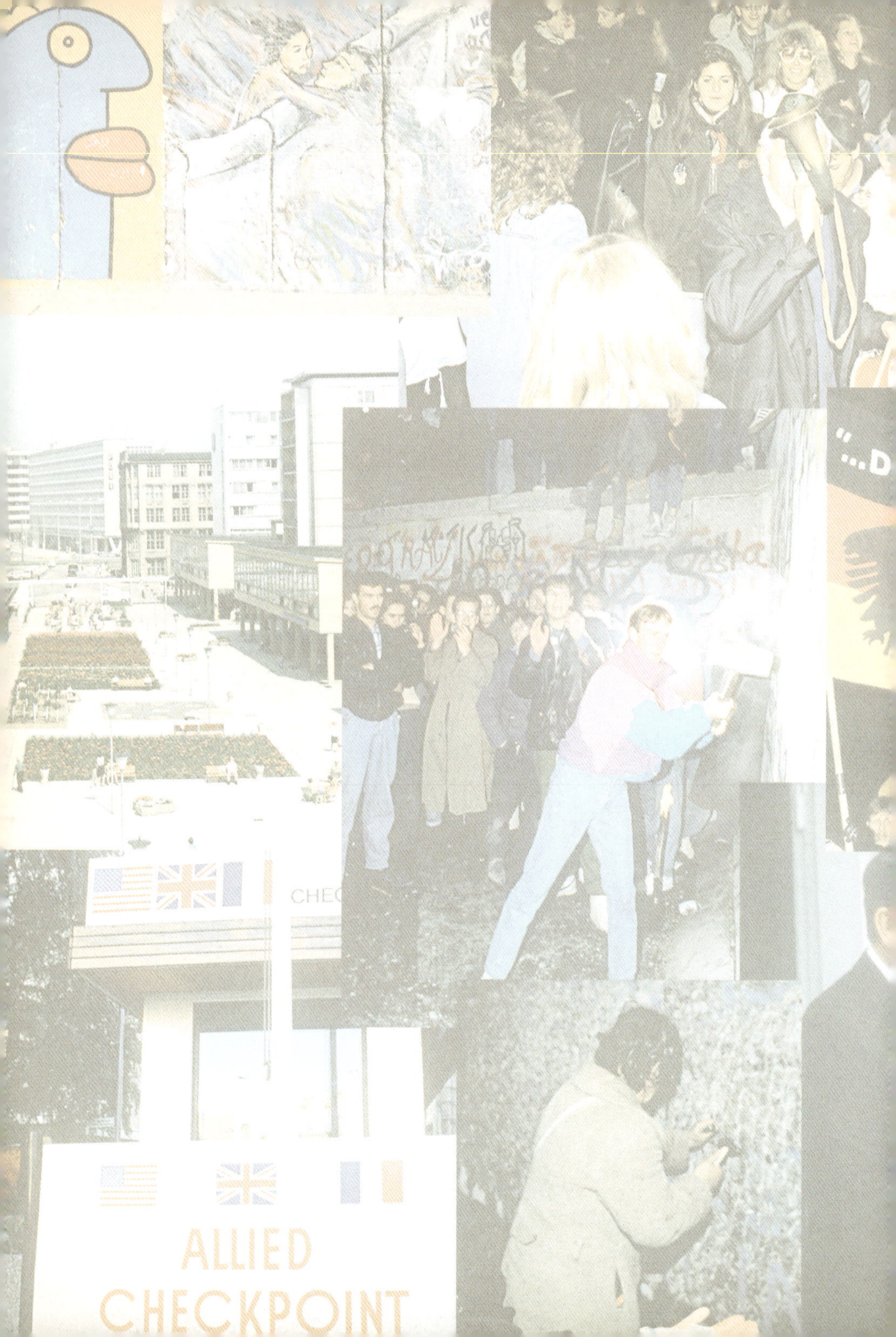
CHEC
ALLIED
CHECKPOINT

Índice analítico

aliados 12, 13, 21
americanos 9, 11, 12
ataques aéreos 12
Austria 24, 27, 31

Beijing 28
Berlín Occidental 9, 13, 15, 16, 17, 19, 20, 24, 31, 35, 38
Berlín Oriental 9, 13, 14, 15, 20 ,21 ,27, 28, 30, 34, 38, 39
Bornholmer Strasse 31
británico 9, 11, 12, 15

coches Trabant 32
comunistas 9, 13, 15, 21, 22, 23, 25, 26
Checkpoint Charlie 21
Checoslovaquia 23, 24, 27, 29
China 28, 29
Churchill, Winston 13

de Maizière, Lothar 35
democracia 14, 20, 23, 25, 27, 28
Dinamarca 31
Dresden 27

elecciones 25
Estados Unidos 14, 22

Fechter, Peter 18
francés 9, 13
franja de la muerte, La 17
Friedrichstrasse 21

Gorbachev, Mikhail 22, 23, 27, 29, 34, 38
Guerra Fría 7, 14, 20, 23, 35
guerra nuclear 14

Havel, Vaclav 27
Hitler, Adolf 11, 12
Honecker, Erich 22, 27, 29
Hungría 24, 27

iglesias 25
Imperio Alemán 8

Juegos Olímpicos 11

Kennedy, John F. 11, 19, 38
Khrushchev, Nikita 14
Kohl, Helmut 35
Krenz, Egon 29, 39
Kurfürstendamm 31

Leipzig 27

manifestantes 28
marco alemán 35
Modrow, Hans 34
monumentos conmemorativos 19
Moscú 22
Nazis 11

plaza de Tiananmen 28, 29
Polonia 24, 26
Potsdamer Platz 8, 32
puerta de Brandenburgo 10, 31, 33, 37

Reagan, Ronald 24
reforma 27
refugiados 27
República Democrática Alemana 20, 36
República Federal de Alemania 36

Segunda Guerra Mundial 9, 11, 12, 20, 38
sindicato 26
Stasi 26

Telón de Acero 13, 23
Thatcher, Margaret 23

Ulbricht, Walter 15, 21
Unión Soviética 9, 11, 12, 13, 14, 15, 20, 21, 22, 23, 27